AF562327

LA PAIX
ET L'ITALIE

PAR

M. CHARLES DE FRANCHIS.

Aux agitations de la guerre viennent de succéder les préoccupations non moins graves de la paix. Elle a été signée, proclamée, garantie solide et durable, il est vrai ; le sang a cessé de couler, l'humanité a souri pendant un instant, et les braves se sont reposés sur leurs lauriers. Mais d'où vient que les esprits sont toujours en suspens ; que les moins clair voyants eux-mêmes n'y croient pas ; que l'agitation en devient plus forte et plus violente ? Pourquoi donc cette paix demeure-t-elle sans résultat moral ? pourquoi n'inspire-t-elle pas de confiance, quoique l'épée glorieuse du vainqueur ait écrit qu'elle sera durable et solide ? Parce que, si elle a suspendu les effets, elle n'a pas fait disparaître les causes. Si on ne se bat plus aujourd'hui, qui peut assurer que demain l'on ne se battra pas de nouveau ? Nous savons bien

1856

que la force est là pour intervenir; mais la force, c'est la violence; la violence, c'est la guerre.

La question est brûlante, elle n'a pu échapper à personne; mais on n'a pas osé y toucher. Cependant la vérité prononcée sans amertume peut arriver jusqu'aux princes sans les blesser; peut dessiller leurs yeux sans provoquer leur colère.

La diplomatie en général, il faut en convenir, n'a pas suivi la marche du progrès. Dans les vieux Etats elle est restée ce qu'elle était, aveugle, absurde, égoïste; aussi il ne faut pas s'étonner si ses œuvres lui ressemblent, si son impuissance à faire le bien est toujours la même. Le meilleur diplomate selon les vieilles traditions n'est pas le plus loyal, mais le plus rusé, et on lui demande plus d'adresse que de science.

La diplomatie, pour être une science vraiment utile aux nations, ne doit avoir d'autres bases que la loyauté et la justice. C'est ainsi qu'elle deviendra toute-puissante, qu'elle ne rencontrera plus d'obstacles, et accompilra sa mission avec facilité et bonheur; qu'elle écartera la guerre, qu'elle ramènera la paix sur la terre. Ce principe a-t-il présidé aux conférences de Paris? Nous l'espérons, et les événements le montreront bientôt. Du reste le passé était là pour éclairer les esprits.

Lorsque l'homme extraordinaire qui avait placé la France à la tête des nations, qui, parcourant la terre à pas de géant, en avait placé les couronnes à ses pieds et les destinées dans ses mains, fut accablé par sa gloire et son génie, la France elle-même vit son sol profané par l'étranger, perdit son rang et tomba dans l'oubli. C'était le prix de la Restauration. Dès que cette nation généreuse, qui est le drapeau du progrès et de la liberté, eut ainsi perdu toute influence politique, les despotes qui l'avaient humiliée s'en réjouirent et se hâtèrent de profiter de ce moment de stupéfaction où ses malheurs venaient de la plonger pour consolider leur puissance et river les fers des peuples. Ce fut ainsi qu'on vit se former au nord de l'Europe ce colosse immense qui, grandissant toujours, exerça bientôt l'ascendant le plus redoutable et le plus funeste.

La France cependant commençait à se relever. La révolution de 1830 ralluma l'espérance chez les peuples, éveilla les craintes chez les despotes. Mais un gouvernement faible, un gouvernement de transaction, succéda à l'élan généreux, et tout fut perdu pour le moment. Cependant l'Italie et la Pologne se lèvent à leur tour pour briser leurs fers, et engagent une lutte terrible avec leurs oppresseurs. Elles combattent courageusement, elles résistent, elles se disent : La France est là ! elles attendent, mais en vain. Leur cri de détresse déchire le cœur de cette nation généreuse ; mais le gouvernement, impitoyable, les laisse immoler.

Le colosse devient alors plus formidable, et son ambition n'a plus de bornes. La France, méprisée de tout côté, laisse faire et se contente des vains honneurs qu'on accorde à son apathie. Enfin la révolution sociale de 1848 arrive pour effacer la honte du passé. Cette fois la frayeur des despotes est immense ; ils se rallient autour du colosse, qui chancelle lui-même ; mais ils sont obligés de céder au courant qui les entraîne. Les couronnes tombent, les sceptres se brisent, la liberté promène partout son drapeau victorieux. Cependant l'énergie faiblit au milieu de la victoire : les passions, qu'aucun obstacle ne retient, se déchaînent ; le chaos arrive, et tandis qu'on perd le temps en disputes inutiles, le colosse en profite, foule aux pieds les traités qui défendent l'intervention dans les querelles nationales, tombe sur les généreux Hongrois et les écrase par la trahison et la force. La France reste immobile, voit les massacres de Buda et de Pesth, les martyres de l'Italie, jette un cri d'indignation et laisse faire. Alors le colosse, dont on a laissé librement développer la force et l'intelligence, jette un regard de satisfaction autour de lui, voit les nationalités disparaître devant son souffle, l'humanité infirme et corrompue dans une apathie apparente, et se dit : « Le monde est à moi. » Il voit l'Autriche, la Prusse, l'Allemagne devenues ses vassales, et les petits despotes, qu'il méprise, ramper à ses pieds. Il les soutient, parce qu'il le doit à sa puissance et à ses desseins ; mais il a leurs crimes en horreur. « Après tout, se dit-il, ce n'est pas la Russie qui a placé des bourreaux sur le trône. L'empereur Alexandre n'en voulait pas ; l'Angleterre et la France de 1815 livrèrent les Deux-Siciles aux Bourbons, la Russie s'en lava les mains, et certes ce n'est pas sur elle que doivent retomber les malédictions et la haine des peuples. Quand je serai le maître, j'aviserai, en attendant, marchons. » Et il s'apprête à exécuter son plan.

Il convoite l'Orient, l'Occident, la terre entière, dont les bornes ne sont pas assez vastes pour son empire ; mais l'orgueil cette fois l'aveugle et précipite ses conseils. Il étudie donc sa marche, sonde les obstacles, fanatise ses peuples barbares, pousse ses hordes sauvages, lève une armée formidable, prend la croix pour drapeau et s'avance à la conquête du monde. L'Europe effrayée se réveille au bruit de sa marche, et voit la Turquie déjà prosternée et prête à devenir sa proie.

A chaque instant le danger devient plus imminent. L'Angleterre reconnaît enfin les erreurs de cette politique égoïste et jalouse qui plaçait sa puissance et sa grandeur dans l'oppression des peuples, aperçoit ses véritables intérêts, renonce à son passé, brise les liens qui l'attachent aux ennemis de la liberté, dont elle est le foyer, et veut s'opposer à cette invasion qui menace ses plus grands intérêts. Mais ses vaisseaux sont impuissants, elle est forcée de le reconnaître ; ses flottes formidables ne peuvent empêcher le czar d'aller à Constantinople.

Au milieu de ces anxiétés, la France, qu'on croyait avilie, déchirée, et faible par conséquent, se lève à son tour, et d'une voix ferme dit au czar : « Tu n'iras pas plus loin. » Le règne de la force a fait son temps. Les nations doivent exister et existeront. Je suis à la tête de la civilisation et du progrès, je renverserai tout devant moi, et je ferai respecter la justice. » L'Angleterre, oubliant les rivalités frivoles, quoique anciennes, tend alors la main à la France; les deux peuples se confondent dans un élan généreux; le progrès triomphe et l'humanité applaudit.

L'autocrate reçoit ces menaces avec le mépris du fort, et accepte avec empressement le défi, qui lui fournit le prétexte qu'il cherche pour accabler l'Orient et l'Occident en même temps. Il répond par l'orgueil et l'insulte, rappelle les victoires qui ne lui appartiennent pas et qui sont la plus belle page de l'histoire glorieuse des vaincus, et poursuit sa marche. Il est habitué à ces remontrances, qui sont l'expression banale d'un sentiment perdu, et qui sont toujours demeurées sans effet. Mais la France avait marché, elle était sortie de cette léthargie profonde qui l'avait plongée dans l'obscurité ; ses soldats arrivaient en Crimée et y faisaient flotter le drapeau de la civilisation. L'Angleterre lançait en même temps ses bataillons, et l'Europe étonnée voyait s'engager cette lutte qu'elle jugeait impossible, et dont personne ne pouvait déterminer l'issue. Les despotes et les peuples s'émeuvent et s'agitent également; les uns prévoient l'esclavage, les autres la liberté ; la guerre doit servir tous les partis, l'espérance et la crainte sont dans tous les cœurs, et on attend les événements dans la plus grande perplexité.

Cependant la Russie voit elle-même avec un profond étonnement l'alliance prodigieuse de l'Angleterre et de la France se réaliser contre ses prévisions, et commence à douter du succès. Elle fait appel à ses vassales, l'Autriche et la Prusse, et veut entraîner l'Europe entière sur le champ de bataille. Mais la France et l'Angleterre montrent derrière elles les nationalités opprimées : l'Italie, la Pologne, la Hongrie, qui n'attendent qu'un mot pour se soulever et accabler leurs oppresseurs, avant même qu'ils puissent entrer dans la lice. Elles menacent la sainte alliance de la guerre de l'idée, dont elles peuvent disposer par l'effet de cette sympathie qui attache les peuples au drapeau de la liberté et de la justice.

L'Autriche, effrayée, recule, devient ingrate et se jette entre les bras des puissances occidentales. Son cœur saigne, mais sa perte est certaine, et elle ne peut hésiter. Cette puissance vermoulue voit dans la guerre sa ruine certaine ; elle fait des efforts de politique, s'arme, raisonne, supplie pour conjurer une catastrophe dont elle ne peut manquer d'être la victime. La Prusse, qui n'a pas une Italie et une Hongrie, mais qui a cependent la Pologne et la démocratie dans son sein, n'ose ni renier ouvertement son maître, ni provoquer l'Occident. Elle persiste dans sa politique antinationale, et se tient pour le moment à l'écart, prête à donner la main au colosse dont elle subit l'influence, dès que les événéments le permettront, et en attendant tâche d'entraîner l'Allemagne dans une politique forcenée.

La France et l'Angleterre acceptent l'alliance de l'Autriche, sans trop insister sur les conditions, pour écarter la guerre européenne, lui marquent son rôle, l'observent, et ont en même temps les yeux sur la Prusse et l'Allemagne. L'Espagne, déchirée par les passions au milieu du chaos qui doit enfanter sa liberté, l'Espagne qui avait des soldats pour les envoyer à Rome où ils n'avaient certes pas de lauriers à cueillir et où ils jouèrent un rôle si ignoble, suivait encore une fois les sympathies de sa cour et demeurait dans l'inaction.

Le czar se trouvait ainsi, du moins pour le moment, abandonné à ses propres forces, qui étaient, du reste, fort considérables; mais un succès pouvait rallier à son drapeau tous ses vassaux, que la peur des nationalités opprimées en écartait. Ainsi l'Italie, la Pologne, la Hongrie, quoique dans les fers, enlevaient au czar ses principaux auxiliaires, disloquaient sa puissance et l'obligeaient à combattre à forces égales contre les deux nations les plus vaillantes et les plus riches de l'Europe. Dès lors la victoire n'était plus douteuse.

Il est très-important de constater le service immense rendu par ces peuples généreux à la cause de la liberté et de la justice, pour voir combien ils ont le droit de réclamer leur part dans le triomphe. Le progrès, quoi qu'on dise, a éclairé les esprits. La France et l'Angleterre ne sont plus ce qu'elles étaient dans un passé de faiblesse et d'égoïsme. Il n'est plus permis de regarder les peuples comme des dogues que l'on tient enchaînés pour les lancer au besoin contre ses ennemis, sauf à les remettre à la chaîne quand le danger est passé, ou comme des esclaves dont on se sert pour satisfaire les plus sales ambitions. Du reste, le jeu est trop vieux pour être encore possible; l'histoire est là, et les nations y lisent tous les jours leurs fautes et leurs déceptions. L'étranger leur a demandé toujours du sang et de l'argent au nom de leur liberté et de leur indépendance, et elles les ont largement prodigués; cependant, non-seulement elles ont été toujours frustrées de cette liberté, de cette indépendance, mais encore elles ont vu river leurs fers par les mains de ceux-là mêmes pour lesquels elles avaient généreusement combattu.

La Russie voit ainsi la guerre portée chez elle avec une rapidité et une audace auxquelles elle ne s'attendait pas, et se trouve obligée de défendre son sol, lorsqu'elle se croyait appelée à la conquête du monde. Toutefois, elle ne recule pas. Elle compte ses ennemis; leur infériorité numérique, les difficultés et les obstacles de toute espèce qu'ils ont à surmonter lui laissent encore l'espoir de la victoire. Mais lorsqu'elle voit ces guerriers intrépides, devant lesquels tout doit céder, renverser les moyens formidables qu'elle a accumulés, triompher des rigueurs d'un climat funeste, et de ce fléau terrible qui décimait leurs rangs, elle commence à douter de sa force, et le découragement succède à l'orgueil. Chaque combat lui apporte une défaite, chaque jour ajoute un nouveau succès à ceux qui détruisent sa puissance. La guerre devient horrible. Le sol est couvert de boulets, jonché de cadavres; les ruines s'entassent sur les ruines, les morts sur les morts, et bientôt la place où ils tombent n'est plus assez grande pour les contenir. Jamais l'histoire ne montra une guerre plus meurtrière et plus opiniâtre. Mais la Russie s'écroule, et dans son désespoir consomme de sa propre main sa destruction. Elle coule ses vaisseaux, fait sauter ses arsenaux, et ne laisse à ses vainqueurs que des ruines sanglantes, qui marquent cependant l'épuisement de ses forces.

La France et l'Angleterre, au milieu de leurs victoires, appellent l'Italie à partager la gloire et les dangers de la guerre. Le soldat italien vient donc prendre sa place sur le champ de l'honneur, comme au temps du premier empire. Mais tandis que le Piémont, où la liberté s'abrite sous le drapeau tricolore, envoie ses vaillants soldats et s'empresse de répondre à l'appel de son alliée naturelle, le gouvernement de Naples, qui opprime la partie la plus considérable de l'Italie, qui foule aux pieds les lois de l'humanité et de la justice éternelle, laisse éclater sa haine invétérée, imite la conduite de son aïeul en 1805, et agit ouvertement contre la France et l'Angleterre. Il porte son armée à cent trente mille hommes environ, apprête sa flotte, sévit avec une fureur nouvelle contre son peuple innocent, et ferme ses greniers aux alliés. Il n'attend qu'un signe de l'Autriche pour lever tout à fait le masque, et en attendant il laisse apercevoir ses desseins et ses espérances dans des démarches imprudentes. La France et l'Angleterre ne s'y trompent pas, et voient avec autant de colère que de mépris cette conduite indigne; mais trop occupées dans la grande lutte, elles paraissent, comme le vainqueur d'Austerlitz, remettre la vengeance après la victoire.

Les événements se succèdent rapidement; rien ne peut arrêter la bravoure et l'intrépidité des soldats alliés, qui, toujours victorieux dans cette lutte opiniâtre, renversent tout ce qui se présente au devant d'eux. Enfin, Sébastopol, cette Gibraltar de la mer Noire, qui paraissait défier les efforts de toutes les armées les plus puissantes, avec ses murs de granit, ses forteresses imprenables, elle aussi est emportée par ces braves, contre lesquels les bataillons de la Russie, ses canons, et tous ses moyens formidables n'ont aucune puissance. Le czar est alors obligé de reconnaître son erreur, d'avouer son insuffisance. Il est entouré de ruines; son armée, dont le courage passif, sans élan, n'a jamais fait défaut, ne recule pas, mais elle tombe sous les coups du vainqueur, qui passe sur son corps, mais passe toujours; son prestige est détruit, ses finances sont épuisées, sa marine est compromise, le commerce est souffrant. Encore un coup, et le sort de la Russie allait se trouver fort triste. D'ailleurs, son but était manqué. La conquête du monde est désormais impossible, grâce au sentiment de nationalité que le progrès a développé chez les peuples, et qui est le rempart le plus redoutable contre un despotisme universel.

La guerre devenait donc inutile. Cependant l'amour-propre de la Russie ne lui permettait pas de solliciter une paix, qui était devenue une nécessité pour elle. Elle ne veut pas avouer sa défaite, et plutôt que de manquer à sa dignité, elle se montre prête à continuer par tous les moyens possibles une lutte devenue désormais impossible pour elle. D'un autre côté, les puissances occidentales avaient atteint leur but, et ne voulaient pas pousser la Russie aux extrémités, après l'avoir humiliée, car des complications fort graves pouvaient s'en suivre, et la guerre européenne n'était pas improbable. Alors, les nationalités opprimées auraient été appelées à jouer un rôle important; les révolutions devenaient inévitables, pour renverser le vieil édifice du passé; tout eût été bouleversé, pendant un instant, pour arriver enfin à établir la société européenne sur ses bases naturelles; mais cette commotion ne pouvait pas entrer dans la politique des alliés; aussi avaient-ils un grand intérêt à l'écarter. D'ailleurs, la victoire qu'ils venaient de remporter leur permettait de réaliser, par une paix non moins glorieuse, tout ce qu'ils pouvaient attendre du succès de leurs armes. Tout en ménageant les apparences, ils pouvaient imposer les conditions que le vaincu ne manquerait pas d'accepter, pour se soustraire à une ruine imminente.

On ménagea donc la prise de Kars à la Russie, pour relever sa dignité, et ensuite le vainqueur sollicita la paix; mais en même temps il en traça les conditions, et en exigea l'acceptation immédiate; la Russie se hâta d'accepter. Elle était sauvée. Ses pertes étaient énormes, il est vrai, mais elles n'étaient pas irréparables. Elle avait conservé tous les éléments de sa force et de sa puissance, qu'une administration sage et ferme, et une politique éclairée peuvent aisément restaurer, et rendre plus formidables qu'ils n'étaient avant la guerre. Eclairée par ses revers, si elle profitait des tendances nationales qui agitent l'Europe, et les secondait, elle pourrait puissamment étendre son influence dominatrice. Le danger serait d'autant plus grave, qu'on ne pourrait plus opposer à la Russie, et à ses adhérents naturels, les nations qu'elle aurait rendues à la vie, et qui deviendraient alors ses auxiliaires.

Cette paix a été reçue avec enthousiasme, car elle est regardée comme le triomphe de la justice et de la liberté contre le despotisme. Les peuples qui espéraient dans la guerre ont cru voir en elle la réalisation de leurs vœux, puisque la paix ne peut-être durable en Europe qu'à cette condition.

Pour se convaincre de cette vérité, il suffit de jeter un regard au delà des Alpes, où une noble et malheureuse nation s'agite sous l'oppression étrangère. En effet, peut-on croire sincèrement à la paix, quand on voit l'Italie occupée par les armées autrichiennes, par une armée française, et ensanglantée par la tyrannie effrénée du roi de Naples? Quand on voit ce peuple brave et éclairé, gouverné sans lois et sans justice, et opprimé par le despotisme le plus cruel?

Non, nous avons raison de le répéter, il n'y a pas de paix possible tant que la guerre sera en Italie, et elle y est dans ce moment, et y sera jusqu'à ce que la nation italienne ait recouvré sa nationalité et son indépendance. C'est une question d'humanité et de justice avant tout, devant laquelle tous les partis, toutes les opinions s'effaçent. Cette nation de vingt-six millions, qui a survécu à toutes les invasions, a le droit d'exister, et elle existera.

L'Italie a été toujours l'objet de la sympathie et de la convoitise de l'étranger; mais on s'est toujours contenté de l'aimer ou de la posséder, de la plaindre ou de l'opprimer, sans se donner la peine de l'étudier. On a cherché l'Italie dans ses classiques plutôt que dans ses peuples, dans sa littérature plutôt que dans son histoire. Aussi, qu'il nous soit permis de le dire, elle est restée ignorée. De là les erreurs, de là les fausses opinions qu'on a émises et qu'on émet toujours sur la nature, sur l'esprit, sur les tendances, sur les besoins des Italiens; de là enfin la légèreté ou l'injustice avec lesquelles on a jugé leurs révolutions, leurs progrès, leur civilisation.

Les Italiens, avec une intelligence vive, un esprit délié, une imagination ardente, une facilité extrême pour les études, de quelque nature qu'elles soient, n'ont jamais perdu le sentiment de leur liberté, dont l'exercice et la jouissance leur étaient enlevés par un despotisme brutal appuyé sur l'invasion étrangère, sans cependant que l'oppression pût jamais éteindre dans leur âme l'idée prédominante de justice et d'indépendance, ni effacer complétement cette *commune* toute italienne qui représentait toujours leur ancienne liberté au milieu de l'esclavage le plus dur. Aussi la lutte a-t-elle été incessante entre les Italiens et leurs oppresseurs, et les révolutions se sont succédées sans interruption. Celle de 1848 présenta, comme on se le rappelle, un caractère d'universalité uniforme, et produisit les effets les plus remarquables. Elle n'est pas achevée, elle poursuit sa marche, et l'oppression actuelle n'est qu'un épisode dans cette guerre entre le progrès et le despotisme. La preuve la plus éclatante en est certainement l'occupation de Rome par les troupes françaises, celle des légations et de la haute Italie par les Autrichiens; la maraudaille suisse du roi de Naples.

Pour se faire une idée de l'urgence de vastes réformes en Italie, il faut connaître quelle est réellement la position affreuse de ce malheureux pays.

A l'exception du Piémont, le reste de l'Italie, depuis la Lombardie jusqu'à la Sicile, ne présente que des peuples mis hors la loi naturelle, gouvernés sans aucune forme stable de gouvernement, c'est-à-dire que la société civile ne repose plus sur les lois constitutives, mais sur l'arbitraire le plus monstrueux. Ainsi il n'y a plus de règle certaine pour rassurer les citoyens les plus paisibles et les plus inoffensifs; il n'y a pas de lois, mêmes injustes ou barbares, auxquelles il suffise de se conformer pour être à l'abri des persécutions. Dans le royaume des Deux-Siciles, il y a bien des lois, qui sont même les moins imparfaites peut-être parmi celles des Etats civilisés de l'Europe; mais elles n'existent que dans la lettre. La conduite la plus sage et la plus strictement uniforme à leurs dispositions ne garantit pas les citoyens. La volonté terrible et cruelle de ce roi n'ose pas se montrer dans les lois qu'il a le droit de faire à son gré, elle est suspendue comme l'épée de Damoclès sur la tête de chacun. La peur, la haine, la vengeance, la colère, la cupidité d'un gouvernement inique sont les lois occultes qui frappent soudainement, sans tracer la route à suivre pour ne pas les attirer, tous les citoyens sans distinction d'opinion, de parti, de condition. Des hommes pervertis et corrompus, placés à la tête du gouvernement, se livrent aux abus les plus coupables, vendent les charges, exercent les rapines et les concussions les plus vexatoires. Une police infâme, instrument horrible de toutes les atrocités, remplit les prisons, fait subir les tortures les plus atroces, répand l'effroi dans les familles. Il suffit d'un mot, d'une fausse dénonciation de scélérats comme Campagna, Mazza, Schinardi, etc., pour arracher à leur famille les plus honorables citoyens qui ne se sont jamais mêlés de politique, pour les martyriser, pour faire suinter leur sang goutte à goutte, jusqu'à ce qu'ils aient assouvi les passions iniques dont ils sont les victimes, ou qu'ils aient donné tout l'argent que leur demande l'avidité de ces bourreaux infâmes. Pour ces infortunés il n'y a ni procès, ni lois, ni juges. Et comment pourrait-il y avoir de procès s'il n'y a pas de crime? Si cette police même ne peut pas en retrouver les plus faibles apparences? Le mot fatal : *Ce sont des ennemis du roi*, suffit; et cependant ces hommes n'ont jamais conspiré, ne se sont jamais mêlés aux révolutions, ne comprennent rien à la politique, et ont passé leur vie paisiblement au sein de leur famille, ne s'occupant que de la direction de leurs affaires. Ainsi l'agitation, la terreur sont partout. Ce n'est pas un parti qui conspire, c'est une population entière qui gémit, qui s'indigne et se révolte contre un despotisme dont l'histoire est écrite avec le sang des martyrs.

Ce tableau est horrible, mais il est vrai, et même au-dessous de la vérité. Dans le royaume des Deux-Siciles, nous le répétons, ce n'est pas une question de progrès ou de plus ou de moins de liberté, c'est une question d'humanité. Cet état déplorable ne peut pas durer, et le courroux populaire, que la promesse officieuse d'une intervention équitable avait suspendu, ou l'espoir de la vengeance d'Austerlitz, va bientôt éclater avec une violence irrésistible, et son drapeau sera alors une étincelle qui mettra en feu non-seulement l'Italie, mais l'Europe entière. Que feront alors la

France et l'Angleterre? Renonceront-elles à leurs principes et à leur gloire pour marcher avec l'Autriche? Viendront-elles, contre toute équité et contre leurs intérêts, opprimer ces peuples généreux, dont elles ont proclamé les droits et les souffrances? Ou bien feront-elles alors ce qu'elles peuvent faire facilement aujourd'hui par l'entraînement de la victoire et le prestige de leurs armes? Dans le premier cas, ce sera la guerre, une guerre affreuse et dont les suites ne sont pas faciles à prévoir, car elles dépendront d'une foule de circonstances qu'il n'est pas besoin de rappeler, et qui peuvent amener des complications incalculables; dans le second, ce sera encore la guerre pour arrêter le torrent révolutionnaire, et les résultats qu'on pourrait obtenir maintenant par la paix deviendraient alors fort problématiques.

La condition des Etats romains n'est pas moins triste. La vengeance cléricale immole tous les jours des victimes nouvelles à sa défaite de 1848. Ce pays est encore gouverné par des lois barbares, que la haine du clergé rend encore plus atroces. Le procès inquisitorial, la police arbitraire, l'organisation judiciaire vicieuse, des magistrats aussi ignorants que pervers, privent les citoyens de toute garantie. La justice, ainsi administrée avec un arbitraire effrayant, est cruelle, horrible dans les poursuites criminelles; vénale, interminable, ruineuse dans les procès civils. L'administration publique est complétement négligée, la finance ruinée, l'intolérance religieuse portée à son comble, au milieu de la corruption extrême du clergé. Tout le gouvernement clérical se résume maintenant dans la police; les délateurs et les calomniateurs en sont les instruments infâmes. Les pratiques religieuses sont imposées par la force, et les infractions punies avec une rigueur extrême. L'espionnage pénètre jusque dans le foyer domestique et y répand le trouble et l'inquiétude. Le tribunal du Saint-Office, l'inquisition avec toutes les horreurs du moyen âge, moins le bûcher pour le moment, est en pleine vigueur à Rome, sans qu'on s'en doute. Tout cela, au lieu d'instiller la religion dans les esprits, y a soulevé une haine profonde pour le catholicisme, au nom duquel on exerce de si grandes horreurs, et il n'y a pas de pays au monde où il y ait moins de religion qu'à Rome. Elle est détestée, non par elle-même, mais par l'effet du gouvernement clérical. Aussi la colère, l'agitation, l'horreur sont les mêmes dans toutes les classes des populations romaines. Elles n'ont qu'une pensée identique, le renversement du gouvernement impossible qui a fait autant de mal aux hommes qu'il a fait de tort à la religion : l'union et l'indépendance de l'Italie, pour trouver dans la concentration de ses forces les garanties de sa liberté. Cet état de choses n'est plus un mystère pour personne. De là l'occupation des Etats pontificaux par la France et l'Autriche ; ce qui montre jusqu'à la dernière évidence que ce n'est pas un parti, que ce n'est pas une fraction, que ce n'est pas une poignée de perturbateurs étrangers, de factieux utopistes qui condamne ce gouvernement barbare, mais un peuple tout entier; qu'on ne pourra pas enfin lui imposer éternellement un joug insupportable, et qui plus est injuste et incompatible avec la société moderne.

Bientôt, si on voulait continuer dans ce système, on serait obligé d'envoyer et d'entretenir, comme on vient de faire à Parme, dans chaque ville, dans chaque coin de l'Italie, des armées et des garnisons étrangères. Cette intervention constitue certainement l'état de guerre permanent. D'ailleurs, nous ne savons pas si cela serait possible, le jour où vingt-six millions d'habitants poussés à bout, retrouvant enfin cette unité d'action qui leur a manqué jusqu'à ce moment, vinssent tout à coup tomber sur leurs oppresseurs.

La Toscane, qui a été toujours célébrée pour sa modération, quoique le peuple répétât souvent que la justice, dont la statue se trouve sur une colonne, dans la place de la Trinité, à Florence, est placée trop haut pour entendre ses plaintes, la Toscane, nous disons, en est elle-même arrivée à tel point, que la simple lecture de la Bible est un crime, et qu'un professeur qui venait voir l'Exposition à Paris, au lieu d'emporter dans sa patrie des machines utiles, ou des métiers, y a emmené une guillotine modèle, par ordre du gouvernement. L'occupation autrichienne, son influence permanente dans la direction des affaires et de l'administration intérieure du pays, ont également soulevé l'indignation des citoyens de toutes les classes. Cette population, renommée pour la douceur des mœurs, la bonté du caractère, l'amour des arts et des lettres, ainsi que pour sa nature pacifique et tranquille, est désormais dans la plus grande exaspération, et ne rêve que le moment où elle pourra secouer le joug de l'étranger, et se soustraire à l'oppression d'une police cruelle et vexatoire.

Ce qui se passe à Parme dans ce moment donne l'idée des conditions politiques des petits États de l'Italie. Ils sont sous la main de l'Autriche, qui s'est emparée du gouvernement, y concentre des troupes nombreuses, et leur fait subir toutes les horreurs de la domination étrangère.

Quant aux provinces lombardes et vénitiennes, où Radetzki fait fouetter les matrones et les filles, enlève toute la jeunesse, dépouille la noblesse, écrase le peuple par les impôts arbitraires, et martyrise sans pitié ces populations infortunées, pour venger sa fuite honteuse et ses défaites de 1848. Son gouvernement ne consiste qu'à les pressurer et à les détruire. Aux supplices il ajoute l'outrage, et il est étonnant que la colère et la haine de ce peuple généreux n'ait pas encore éclaté, et qu'il ne préfère pas plutôt périr sous ses ruines, que vivre sous une oppression aussi horrible et aussi honteuse en même temps.

A côté de ces souffrances, de ces haines, de ces horreurs, on voit le Piémont, où la liberté italienne a trouvé un abri. Cet État, après avoir traversé des épreuves terribles, est enfin devenu libre et indépendant. Se gouvernant avec sagesse et patriotisme, il a pris rang parmi les puissances; il a mérité l'admiration de l'Europe. Le soldat piémontais a eu sa part dans la gloire de cette guerre gigantesque par laquelle la civilisation a repoussé les attaques du despotisme ambitieux qui menaçait l'équilibre et la liberté de l'Europe. Modeste et brave, il est rentré dans ses foyers, lui aussi, couvert de lauriers. Mais il est triste et sombre; il entend à ses côtés les gémissements de ses frères opprimés; il les voit versant leur sang dans les martyres, et les bras tendus vers lui, implorer son secours; il en a le cœur déchiré. Il a combattu pour l'indépendance de l'Europe en Orient, ne pourra-t-il combattre pour celle de sa patrie? Non, le despotisme qu'il croyait brisé sur les champs de Crimée est toujours le même, et plus redoutable encore à la suite des traités. Le Piémont, désormais, ne pourrait tendre la main à ses frères contre l'étranger, sans soulever contre lui les puissances alliées avec son ennemie, qui a pris sa place dans les traités. Il espérait cependant dans la justice de la cause; il a apporté les douleurs de l'Italie dans le congrès de Paris. Tous les cœurs ont palpité, se sont émus, ont été frappés d'horreur; mais l'Italie est restée abandonnée à ses bourreaux.

Le Piémont s'est trouvé un petit Etat pour les conférences et les traités! Cependant il avait été bien plus grand que l'Autriche lorsqu'il s'était agi de se battre, de verser son sang sur le champ de bataille, de prodiguer ses trésors pour la cause du progrès et de la civilisation. Tandis que l'Autriche exploitait les Principautés, profitait de l'assistance de la France et de l'Angleterre pour raffermir sa domination dans les provinces lombardes et vénitiennes, et arrachait à ces malheureuses contrées toute leur jeunesse, qu'elle envoyait au milieu de ses Croates, en Gallicie, et dans ses provinces les plus éloignées et les plus barbares; en même temps, elle obligeait les alliés de se tenir en garde contre sa politique déloyale, qui n'attendait qu'un revers pour s'unir à la Russie et tomber sur leurs bataillons. Le Piémont s'était attaché à la France et à l'Angleterre par ses sympathies, et par l'uniformité des principes et des intérêts. L'Autriche était contrainte par la force à une neutralité intéressée. La crainte de l'Italie, de la Hongrie, de la Pologne l'obligeait à une conduite tout à fait contraire à ses penchants. Nous ne pensons pas que la France puisse sincèrement avoir foi en cette alliance, que tout rend impossible depuis l'autonomie des peuples, l'opposition des intérêts, jusqu'à la haine des dynasties. L'empire français a déjà fait l'essai de cette alliance funeste.

Dans le traité du 25 avril on a ménagé dans l'Autriche plutôt un ami à la Russie qu'un auxiliaire à la France et à l'Angleterre. Au lieu de concourir à la répression des abus, elle apportera des embarras, des difficultés et des lenteurs lorsqu'on aura besoin d'énergie et de célérité. L'Autriche ne tirera jamais l'épée contre la Russie, ne renoncera jamais à ses principes et à ses traditions : l'Italie libre et indépendante est le plus fidèle auxiliaire que puisse attendre la France.

Nous avons esquissé rapidement ce tableau véritable de l'Italie, sans esprit de parti, sans passions. Nous avons mis de côté toute considération étrangère à notre but; nous n'avons pas voulu dire sous quelle forme nous croyons possible la liberté et l'indépendance de l'Italie. Toute discussion à cet égard a été écartée. Nous avons voulu établir que cet état de choses ne peut se continuer; que l'indépendance de l'Italie est une nécessité, que c'est avant tout une question d'humanité; qu'alors il est évident que si les puissances n'en font pas une condition de la paix européenne, cette paix est illusoire, car avec ces éléments une révolution est inévitable, autrement les Italiens n'auraient que trop mérité leur sort et leurs malheurs. La justice de leur cause a été reconnue et proclamée par la France et l'Angleterre; et les autres puissances en ont elles-mêmes la conviction. Il faut donc qu'elle triomphe. Toutes les choses ont leur temps, et le moment est enfin arrivé que l'Italie soit libre et indépendante, que son oppression barbare cesse entièrement. Il reste à savoir si cela doit s'accomplir par la paix ou par la guerre, et c'est ce que l'application des traités va nous apprendre.

Paris.—Imprimerie J. Voisvenel, 16, rue du Croissant.

www.ingramcontent.com/pod-product-compliance
Lightning Source LLC
LaVergne TN
LVHW010223230826
846091LV00008BB/3637

* 9 7 8 2 0 1 3 5 5 1 5 8 8 *